編者話

　　兒童要發展良好的溝通能力，必須具備良好的語言理解能力。語言理解能力是一種複雜的心智運作，包括：聽覺訊息的接收、聽覺記憶、語意及語法理解、短文理解。兒童將所接收到的口語訊息暫存在工作記憶內，並同時將資料處理，這就是將口語符號解碼，成為有意義的意念。縱使兒童具有正常的聽力，語言理解能力亦可能出現問題；他們能明白每個字或簡短句子的意思，但當句子稍為長一點、複雜一點，他們便無法記著所聽到的說話，或分析說話的內容，理解口語便出現種種困難。

　　為提升兒童的語言理解能力，本會言語治療師編寫了此《幼兒語言理解訓練》（新版），內容適合三至六歲的兒童。本冊主要針對故事理解的訓練，習題的形式包括「記憶故事情節」、「在多項選擇中找答案」及「排列故事情節」。在兒童的日常生活中，聽故事是一項常見的活動。要明白故事的內容，兒童需要有足夠的專注力、記憶力和聆聽理解能力，才能記住新的詞彙及故事情節。要幫助兒童理解故事內容，成人可調節說故事的速度，並在語句之間稍作停頓，讓兒童有足夠的時間分析和記憶所聽到的內容。家長亦可運用不同的問句提問來加深兒童對故事的理解，如「誰？」、「哪裏？」，以進一步提升兒童的理解能力。

　　此外，家長亦可以與子女重溫這些故事和習題，這不但能鞏固子女的語言理解能力，亦能共度一段愉快的親子時間。期望透過不同及有趣的練習，提升兒童的語言理解能力。

協康會言語治療師團隊

協康會 簡介
HEEP HONG SOCIETY

協康會創立於1963年，是香港最具規模的兒童教育及康復機構之一，致力幫助不同能力的兒童及青年盡展潛能，提升家庭能量，共同締造平等融和的社會。

協康會的專業團隊，包括：心理學家、言語治療師、物理治療師、職業治療師、護士、社工及幼兒教師透過多個服務單位、到校支援主流中小學和幼稚園，每年服務超過23,000名兒童、青年及家長。本會積極推出嶄新服務，同時研發「實證為本」的教育和訓練模式，通過研究、培訓、出版及多元教育工具，推動大中華區融合教育及康復服務的發展。

我們的抱負

協康會走在服務前端，為不同能力的兒童及青年創建美好明天。

我們的使命

啟發個人潛能、提升家庭能量、促進社會共融。

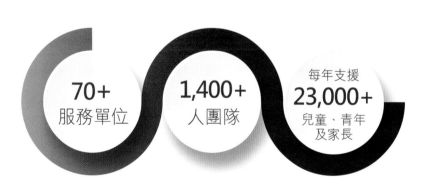

70+
服務單位

1,400+
人團隊

每年支援
23,000+
兒童、青年及家長

服務對象

學前兒童

中小學生

青年

家庭

康復及教育界人士

服務簡介

早期教育及訓練

透過專業指導，早期教育及訓練中心為初生至六歲發展有障礙的幼兒提供每星期一至兩次的訓練和支援服務，並教導家長掌握有關照顧和啟導幼兒的技巧，充份發揮幼兒潛能。

查詢：+852 2776 3111

更多詳情
More Details

特殊幼兒服務

特殊幼兒中心透過每星期五天全日制的密集式訓練和照顧，協助二至六歲有特殊需要兒童發展潛能，為他們未來的學習和發展奠定良好基礎。

查詢：+852 2776 3111

更多詳情
More Details

幼兒服務

本會轄下的幼稚園及幼兒園為兒童提供理想學習環境及優質學前教育，助他們建立德、智、體、群、美方面的全人發展，並培養兒童的創意思維、探索和解難能力，為日後學習奠下穩固的基礎，讓兒童健康愉快地成長。

 康苗 幼兒園

查詢：+852 2786 2990

更多詳情
More Details

 協康會 上海總會
康苗 幼稚園

查詢：+852 3705 2251

更多詳情
More Details

青年成長及職訓服務

為自閉症、專注力不足 / 過度活躍症和特殊學習困難青年提供全面支援,包括職能評估、職場實習、就業支援等課程及訓練,提升學員的職場技巧和獨立能力,讓他們發揮所長,融入社群。

查詢:+852 3956 4651

更多詳情
More Details

到校支援服務

專業團隊為幼稚園、小學及中學內有特殊需要的學生提供到校評估、訓練和治療;同時透過家長講座及輔導、教師培訓和學校支援工作,全方位協助學童融入校園生活,健康成長。

查詢:+852 2776 3111

更多詳情
More Details

青蔥計劃支援服務

青蔥計劃為不同能力的初生至中學階段兒童及青年，提供多元化的專業支援服務，讓家長在政府和私營服務以外，有多一個優質的服務選擇。計劃不受政府資助，以自負盈虧模式運作。

服務內容：
本會專業團隊具備豐富訓練和治療知識及臨床經驗，能按兒童及青年的需要提供適切而全面的個別評估及訓練，包括：心理服務、言語治療、職業治療、物理治療、社工服務及幼兒導師訓練等。另外，亦會提供小組訓練及活動，以及家長支援及社區教育服務。

查詢：+852 2393 7555
網址：slp.heephong.org

更多詳情
More Details

家長支援服務

轄下各中心以及家長資源中心為家長提供全面的支援服務，協助他們解決在培育有特殊需要子女上所遇到的困難和問題，提高育兒技巧及對孩子的需要的認識，同時建立家長彼此間的互助與支持，從而紓解親職壓力。

查詢：+852 2776 3111

更多詳情
More Details

專業培訓服務

透過專業教育及發展學會(APED)，為教育及康復界人士和家長提供專業培訓，提升他們對兒童成長及學習方面的認識。同時更為內地、澳門及台灣相關機構舉辦交流及專業訓練課程，促進兩岸四地教育及康復服務的發展。

查詢：+852 2784 7700
網址：aped.heephong.org

更多詳情
More Details

研究及出版

致力研究及開發實證為本的訓練模式，並透過出版書籍及製作電子教材，與業界分享在教育和康復服務的經驗及成果，藉以提升行業整體質素。

協康會網上商店
Online Shop
網址: eshop.heephong.org

購買書籍
Purchase Now

目錄

記憶故事情節

訓練目標：

1. 提升兒童記憶及理解故事情節的能力
2. 提升兒童理解問句的能力
3. 鼓勵兒童記憶事情發生的次序

使用方法：

成人先看圖畫上面的故事一次，然後口語化地向兒童說出故事，再按每頁下方的問題提問，並鼓勵兒童以口語回答。若兒童從圖畫中「指」出答案，也是可接受的回應。

提示方法：

若兒童在理解故事上遇到困難，成人可用以下的方式說故事：

1. 調節說故事的速度，並在語句之間略作停頓，讓兒童有足夠的時間分析所聽到的故事內容。
2. 重複部分故事內容來強調可能的答案，以幫助兒童記憶。

若兒童在理解問題上遇到困難，成人可用以下的方式提示兒童：

1. 提問完畢後，給予選擇，如：「小南只顧著看爸爸或是其他小朋友呢？」
2. 一邊提問，一邊指著圖畫中相關的部份，來引起兒童注意有可能的答案。

其他活動建議：

1. 成人利用故事的圖畫，鼓勵兒童加以描述或複述故事。
2. 與兒童閱讀其他圖書時，同樣加插提問的環節。
3. 成人與兒童玩手偶，鼓勵兒童扮演手偶的角色及對話，並說出簡單的故事。

小南的新單車

爸爸買了一輛新單車給小南，小南便到公園踏單車。小南一邊踏單車，一邊看着正在草地上踢足球的小男孩，完全沒留意到道路上的石頭。結果單車被石頭絆倒，小南從單車上摔下來，膝蓋受了傷並流血，爸爸連忙為他貼上膠布。

問題：

1. 誰買了新單車給小南？
2. 小南去了哪裏踏單車？
3. 小男孩在哪裏踢足球？
4. 小南只顧看甚麼？
5. 小南為甚麼從單車上摔下來？
6. 小南弄傷了哪裏？
7. 小南的膝蓋傷得怎樣了？
8. 小南該怎樣做才可避免意外發生？

小心弄醒寶寶

晚上的天空掛着彎彎的月亮。弟弟用奶瓶吃完奶,已經在嬰兒床上睡着了。姊姊走進房間裏,想找她心愛的玩具熊,因為她想抱着小熊睡覺。媽媽輕聲地對姊姊說:「妳要安靜,不要吵醒弟弟。」

問題:

1. 晚上的天空掛着甚麼?
2. 誰已經睡着了?
3. 弟弟用甚麼食具吃奶?
4. 弟弟在哪裏睡覺?
5. 姊姊為甚麼走進房間?
6. 誰吩咐姊姊要安靜?
7. 為甚麼要姊姊安靜?
8. 有多少人在房間裏?

小動物去旅行

森林裏的動物想去旅行。猴子想去郊野公園，因為那裏有人餵飼香蕉；小鹿想去爬山，因為山上有青草可以吃；河馬卻嚷着要去游泳，因為牠覺得天氣很熱。很可惜，猴子、小鹿和河馬各不相讓，到了黃昏仍然未能決定往哪裏去，所以，牠們最終都去不成旅行。

問題：

1. 森林裏的動物想一起做甚麼？
2. 猴子想去哪裏？為甚麼？
3. 小鹿想去哪裏？為甚麼？
4. 哪隻動物想去游泳？為甚麼？
5. 到了甚麼時候牠們仍未決定旅行的地點？
6. 最後牠們有沒有去旅行？
7. 為甚麼牠們最後都去不成旅行？
8. 有多少隻動物想去旅行？

小螞蟻

小螞蟻正在準備食物過冬，牠先往水果店買蘋果，再到超級市場買了些芝士。因為這些食物都很重，所以小螞蟻便到公園休息一會，然後才到蜜蜂的家找小蜜蜂幫忙，最後他們合力將食物運送到小螞蟻的家中。

問題：

1. 請將小螞蟻所走的路線畫出來。
2. 小螞蟻在水果店買了甚麼？
3. 小螞蟻在哪裏買了芝士？
4. 小螞蟻為甚麼要休息？

5. 小螞蟻找誰幫忙？
6. 最後食物是送到哪裏去的？
7. 小螞蟻有沒有去過蔬菜店？
8. 小螞蟻買了多少種食物回家？

動物園

暑假期間，媽媽帶小珊去遊覽動物園。一進入動物園，小珊就跟大象打招呼，然後去了看住在旁邊的長頸鹿並餵牠吃香蕉，還把剩下的香蕉留給猴子吃。之後小珊去看鱷魚，但牠太兇惡了，小珊不敢逗留，便立即去看河馬，河馬卻躲在水中不肯出來，小珊只好去欣賞小鳥唱歌，最後她餵小白兔吃完紅蘿蔔便離開動物園了。

問題：

1. 請將小珊所走的路線畫出來。
2. 小珊甚麼時候去動物園？
3. 小珊進入動物園第一隻看到的動物是甚麼？
4. 小珊餵了甚麼動物吃香蕉？
5. 小珊為甚麼害怕鱷魚？
6. 河馬正在做甚麼？
7. 小珊離開動物園之前餵了甚麼動物？
8. 動物園裏哪隻動物長得最高？

小老鼠

媽媽買了我和姊姊都喜愛吃的芝士三文治做第二天的早餐。媽媽將那份三文治放在廚房裏，卻忘記了用蓋蓋好。第二天早上，我和姊姊到廚房找早餐時，看見只剩下半份三文治！我們便問爸爸，是否昨夜他肚子太餓，將三文治吃掉，但爸爸卻說沒有。最後媽媽記起了，原來她沒有蓋好三文治，那應該是給老鼠偷吃了！我們只好把剩下的三文治丟掉，然後上街到快餐店吃早餐。

問題：

1. 媽媽預備了甚麼早餐？

2. 誰喜歡吃芝士三文治？

3. 爸爸有沒有在夜間吃掉三文治？

4. 早上的時候，剩下多少三文治？

5. 為甚麼老鼠會吃到那份三文治？

6. 媽媽怎樣處理剩下的三文治？

7. 姊姊有沒有吃到三文治？

8. 最後一家人到哪裏吃早餐？

萬聖節

萬聖節到了！小君所住的大廈在大堂放置了一籃糖果，好讓小朋友隨意拿來吃。糖果很美味，有蘋果味的，又有咖啡味的。貪心的小君趁著爸爸取信件的時候，便拿了十粒糖果一口氣吃掉，她還拿了兩粒打算請爸爸和媽媽吃。到了第二天，小君覺得肚子很痛，還不停的咳嗽。於是，媽媽帶小君到診所看醫生，醫生吩咐小君需要在家休息一天和定時服藥。

問題：

1. 糖果是放在哪裏呢？

2. 小君吃了多少糖果？

3. 小君在甚麼時候拿糖果？

4. 糖果有甚麼味道？

5. 小君拿了多少粒糖果請爸媽吃？

6. 第二天，小君的身體有甚麼不舒服？

7. 小君為甚麼會生病？

8. 醫生吩咐小君怎樣做？

小火車

老師教導學生環保的重要性，於是小文便打算將廢物循環再用，做一個環保手工。回到家裏，小文利用牛奶盒做了一個火車頭，並利用剪了一半的廁紙筒做煙囪，又貼上膠樽蓋做火車的輪子。小文覺得那輛火車很好玩，所以將它帶回學校。老師很欣賞小文的創作，還稱讚他是一個愛環保的好孩子。

問題：

1. 小文做了甚麼玩具？
2. 火車頭是用甚麼來做的？
3. 火車的煙囪是用甚麼來做的？
4. 火車的輪子是用甚麼來做的？
5. 小文用了多少種材料做手工？
6. 為甚麼小文將火車帶回學校？
7. 老師怎樣稱讚小文？
8. 小文在哪裏做火車？

聖誕節

爸爸預備了聖誕禮物送給媽媽、哥哥和妹妹。哥哥的禮物最大盒，並用紅色的花紙包裹着。哥哥打開盒子一看，原來是他最愛的藍色跑車，車裏面還有個小司機呢！媽媽的禮物是一條裙子，裝在一個圓形的禮物盒內。爸爸還買了兩個洋娃娃給妹妹，一個是男的，一個是女的，男的穿着綠衣裳，女的穿着黃衣裳，放在小小的盒子裏，妹妹很喜歡這份禮物。

問題：

1. 哥哥收到甚麼玩具作禮物？請在合適的位置畫上答案。

2. 哥哥的禮物是用甚麼顏色的花紙包裹呢？請將花紙填上顏色。

3. 媽媽的禮物是用甚麼形狀的盒子盛着的呢？請將答案畫出來。

4. 兩個洋娃娃所穿的衣服是甚麼顏色？請將衣服填上顏色。

5. 請將各人和他們的禮物用線連起來。

在多項選擇中找答案

訓練目標：

1. 提升兒童記憶及理解故事情節的能力
2. 提升兒童理解問句的能力
3. 提升兒童的觀察能力

使用方法：

成人先看圖畫上的故事一次，然後口語化地向兒童說出故事，再逐一提問問題，指示兒童圈出答案或以口語回答。

提示方法：

若兒童在故事理解上遇到困難，成人可用以下的方式說故事：

1. 調節說故事的速度，並在語句之間略作停頓，讓兒童有足夠的時間分析所聽到的故事內容。
2. 一邊說故事，一邊指着圖畫中相關的部份，來幫助兒童理解。

若兒童在理解問題上遇到困難，成人可用以下的方式給予提示：

1. 提問後再描述答案的特徵，如：「有沙有水的地方」（答案是沙灘）。
2. 提問後做出與答案有關的動作，如：用手比劃出一個三角形（答案是三角形）。
3. 一邊提問，一邊指着圖畫中相關的部份，來引起兒童注意有可能的答案。

其他活動建議：

1. 成人利用故事的圖畫，鼓勵兒童加以描述或複述故事。
2. 與兒童閱讀其他圖書時，同樣加插提問的環節。

上星期六，班裏的小朋友一起到沙灘遊玩。樂樂在海邊玩水槍，清清戴着太陽眼鏡躺下曬太陽。忽然下起大雨來，所有人都跑到一棵大樹下面避雨，樹下面有一個成人和七個小朋友站着避雨。

1. 上星期六，班裏的小朋友到哪裏遊玩？

2. 樂樂玩了甚麼？

3. 以下哪一個是清清？

4. 忽然天氣變成怎樣了？

5. 所有人跑到哪裏避雨？

6. 樹下面有多少人站着避雨？

猴子吃桃子

猴子看到對岸的樹長滿了桃子，牠很想吃，但自己卻沒辦法過河。當猴子看到烏龜在河裏游泳，便對烏龜說：「對岸的桃子應該很香甜，不如你揹我過河，我便採桃子給你吃。」於是烏龜便揹着猴子過河。上岸後，猴子只顧自己吃桃子，一個也沒有分給烏龜。烏龜一氣之下便游走了，只剩下猴子在對岸不能回家去了。

1. 對岸的樹上長滿了甚麼果子？

2. 誰先看到對岸的桃子樹？

3. 為甚麼猴子自己採不到桃子吃？

4. 誰揹猴子過河？

5. 猴子上岸之後怎樣了？

6. 猴子沒有把桃子分給烏龜，於是烏龜怎樣做？

下雨天

下雨了，小鴨趕快穿上雨靴，而小雞則要穿上雨衣。小白兔放下一籃子的紅蘿蔔後，便張開雨傘與小狗一同回家去。毛毛蟲身體細小，只需一塊樹葉便可遮風擋雨了。小白兔問小魚說：「為甚麼你不用帶雨具呢？」小魚笑着回答說：「我住在水裏，包圍着我都是水，當然不需要雨具啊！」

問題：（1-6題需在圖畫中圈出答案）

1. 誰穿着雨靴？

2. 小雞穿着甚麼？

3. 小白兔放下了甚麼才張開雨傘？

4. 小白兔與誰一起回家？

5. 毛毛蟲用甚麼擋雨？

6. 誰不需要用雨具呢？

7. 為甚麼魚兒不用雨具呢？

8. 故事裏出現過多少隻動物？

環保手工

恩恩想做一個環保手工,她先拿起剪刀從雜誌剪出兩個長方形和一個三角形,然後用膠水將兩個長方形貼在紙筒的兩側做手,再將三角形貼在紙筒的下方做裙子,最後貼上乒乓球在上方做頭。啊!還欠眼睛和嘴巴,恩恩便用顏色筆畫上眼睛和嘴巴,這便成為一個漂亮的洋娃娃了。

問題:(1-5題需在圖畫中圈出答案)

1. 恩恩用了甚麼工具?
2. 她剪了甚麼形狀做裙子?
3. 她用了甚麼材料做頭?
4. 她剪了甚麼形狀做雙手?
5. 她用顏色筆畫了甚麼?
6. 洋娃娃的身體是用甚麼物品來做的?
7. 做裙子的三角形貼在哪裏?
8. 試描述她做洋娃娃的程序。

排列故事情節

訓練目標：

1. 提升兒童理解故事情節的能力
2. 提升兒童記憶故事發生的次序
3. 提升兒童書寫作答的技巧

使用方法：

成人先看圖畫上的故事一次，然後口語化地向兒童說出故事，並指示兒童按次序在空格內填寫數目字1-5。

提示方法：

若兒童在故事理解上遇到困難，成人可用以下的方式說故事：

1. 一邊說故事，一邊指住圖畫中相關的部份，來幫助兒童理解。
2. 每說完一個的小段落，便要求兒童填上正確的數目字。

其他活動建議：

1. 鼓勵兒童按照次序複述故事。
2. 排列其他故事程序圖卡，並鼓勵兒童加以描述。

小明的雪糕

（小朋友聽完以下的故事後，按次序在空格內填上數目字1-5。）

小明看見雪糕車停泊在路邊，便立刻跑過去；他付錢給賣雪糕的叔叔，買了一杯兩球的雪糕；然後他邊走邊吃雪糕；不料，小明被一隻兇惡的小狗從後追趕，他只好趕快逃跑；不幸地，小明跌倒了，雪糕也掉在地上。